NOTICE

DES PRINCIPAUX ARTICLES

DU CABINET

DE FEU M. HÉDOUIN,

GREFFIER A LA COUR ROYALE DE PARIS,

Dont la Vente se fera le Jeudi 16 *novembre* 1826, *et jours suivans, à six heures très précises de relevée, en sa maison, rue Sainte-Avoie, n°* 14.

Les Adjudications seront faites par Me Bonnefons de Lavialle, Commissaire-Priseur, rue Saint-Marc, n° 14.

A PARIS,

Chez De Bure frères, Libraires du Roi, et de la Bibliothéque du Roi, rue Serpente, n° 7.

1826.

ORDRE DES VACATIONS.

Les Livres seront exposés dans l'ordre qui suit :

Première vacation, le jeudi 16 *novembre* 1826.

Les Nos I, II, IX, X, XI, XII, XIII, XIV, III, V, XXV, VIII.

Deuxième vacation, le vendredi 17.

Les Nos XXXII, XXX, XVII, XVIII, XIX, XX, XXI, XXII, XXIII, XXIV, XVI, VII, IV, VI.

Troisième vacation, le samedi 18.

Les Nos XXVIII, XXIX, XXXI, XXXIII, XXXIV, XXXV, XXXVI, XV, XXVI, XXVII, XXXVII, XXXVIII.

acheté

1re vacation -- 21^f^ -- 35^c^
2e ---------- 8 -- 5
3e ---------- 189
218 -- 40

Statuts. C.

Ronanet.

apologie. Bouj. 8°

idem

idem

Martin

avec J Bonquins

girod.

NOTICE

DES PRINCIPAUX ARTICLES

DU CABINET

DE FEU M. HÉDOUIN.

N° I. 80 *vol. in-8. et in-12.* dont :

Salmasii Epistola de cæsarie virorum et mulierum coma. *Lugd. Bat. ex offic. Elzevir.* 1644, *in-8. vél.*

Statuts de l'Académie de la Lesine, trad. de l'ital. 1791, *in-12. v. porph.*

Traité des Vérifications d'écritures et calculs, par Remy. *Paris*, 1780, *in-8. m. r.*
Manuscrit sur papier.

Apologie pour Hérodote, par Henri Estienne, avec les remarques de Le Duchat. *La Haye*, 1735, 3 *vol. in-12. v. porph.*

N° II. 90 *vol. in-8. et in-12.* dont :

Lettres juives, (par le marquis d'Argens.) *La Haye*, 1738, 6 *vol. in-12. m. vert. dent.*

Traité de la Formation mécanique des Langues, (par de Brosses.) *Paris*, 1765, 2 *vol. in-12. v. m.*

De la Manière d'apprendre les Langues, (par de Radonvilliers.) *Paris*, 1768, *in-8. v. m.*

Histoire naturelle de la Parole, par Court de Gébelin. *Paris*, 1776, *in*-8. *bas.*
Des Tropes, par Dumarsais. *Paris*, 1757, *in*-8. *v. porph.*

Quintiliani Institutiones oratoriæ, curante Rollin. *Parisiis*, 1754, 2 *vol. in*-12. *v. m.*

Les Quatre Poétiques d'Aristote, d'Horace, de Vida, de Despréaux, avec la traduction, par Batteux. *Paris*, 1771, 2 *vol. in*-12. *v. m.*

Bref du pape Clément XIV, qui supprime les Jésuites, en latin et en françois. *Rome*, (*Paris*,) 1773, *in*-8. *cart.*

N° III. 70 *vol. in*-8. *et in*-12. dont :

Code Civil et Code de Procédure civile. *Paris*, 1804, 3 *vol. in*-8. *m. bl. dent. tab. Pap. Vél.*

Traité des Etudes, par Rollin. *Paris*, 1748, 4 *vol. in*-12. *m. r.*

L. Smids Pictura loquens. *Amst.* 1695, *in*-8. *fig. vél.*

Blasons, poésies anciennes des XVe et XVIe siècles, publiés par M. Méon. *Paris*, 1809, *in*-8. *dem. rel.*

Théâtre de P. Corneille, avec des Commentaires, par Voltaire. 1776, 10 *vol. in*-8. *fig. v. éc.*

OEuvres de J. Racine, avec des Commentaires, par Luneau de Boisjermain. *Paris*, 1768, 7 *vol. in*-8. *fig. m. r.*

OEuvres de Boileau Despréaux. *La Haye*, 1722, 4 *vol. in*-12. *v. j. fig. de Bernard Picart.*

N° IV. 56 *vol. in*-12. dont :

Thuanus restitutus. *Amst.* 1663, *in*-12. *m. r.*

Cras credo, hodie nihil. *Lugd. Bat. ex offic. Elzevir.* 1621, *in*-12. *v. b.*
Le Moyen de parvenir. 1732, 2 *vol. in*-12. *v. f.*

mc hedouin

p.

le quatre. of.

mc hedouin avec 3 bouquins

mc hedouin

p.

giraud. traité. m. et. quat. ap^t

crozet.

lagier

porquet.

giraud.

motelet

idem gaté cras. 9.

girod.

moldet

Oeuvres. mme Hed.   m^r hedoin.

p.

girod

p

p.

depid. Lucht. az+

porget

girod.

martin

p.

La Magdeleine, poëme, par le P. Pierre de S. Louis. *In-*12. *v. b.*

Les Amours des grands hommes de France. *Paris*, 1676, *in-*12. *v. m.*

Moyse sauvé, idyle héroïque, par de Saint-Amant. *Leide, Jean Sambix,* (*Elzevier,*) 1664, *in-*12. *m. bl.*

OEuvres complètes de J. J. Rousseau. *Paris,* 1793, 37 *vol. in-*12. *v. porph. dent.*

N° V. 23 *vol. in-*8. *et in-*12. dont :

Fabulæ selectæ Fontanii, auct. Giraud. *Rothom.* 1775, 2 *vol. in-*8. *v. m.*

Phædri Fabulæ novæ et veteres. *Parisiis*, 1812, *in-*8. *v. porph.*

Lucretius, cum not. Th. Creech. *Basil.* 1770, *in-*8. *v. j.*

Terentii Comœdiæ, cum not. in usum Delphini. *Lond.* 1749, *in-*8. *v. j.*

Persii Satyræ, cum versione gallica. *Bernæ,* 1765, *in-*8. *v. porph.*

Satyres de Juvénal, en lat. et en françois, trad. par Dusaulx. *Paris*, 1770, *in-*8. *v. m.*

Desid. Erasmi stultitiæ Laus, cum not. var. *Basil.* 1676, *in-*8. *fig. v. b.*

N° VI. 70 *vol. in-*8.

OEuvres complètes de Voltaire. *Kehl,* 1784, 70 *vol. fig. bas.*

N° VII. 13 *vol. in-*4. dont :

Novitius, seu Dictionarium latino-gallicum. *Parisiis*, 1721, 2 *vol. v. m.*

Virgilii Opera, cum not. Ruæi, in usum Delphini. *Parisiis*, 1722, *v. m.*

Dictionnaire crit. de la langue françoise, par Féraud. *Marseille*, 1787, 3 *vol. v. b.*

Relation des Isles Pelew, trad. de l'angl. de G. Keate. *Paris*, 1788, *fig. v. m.*

J. B. Bohadsch de quibusdam animalibus marinis liber. *Dresdæ*, 1761, *fig. bas.*

N° VIII. 11 *vol. in-fol.* dont :

Historia Plantarum universalis, auct. J. Bauhino. *Ebroduni*, 1650, 3 *vol. fig. v. f.*

= Ejusd. Theatrum Botanicum. *Basil.* 1658, *fig. cart.*

Historia generalis Plantarum, auct. Dalecampio. *Lugduni*, 1587, 2 *vol. fig. dem. rel.*

C. Clusii rariorum Plantarum historia, et exoticorum lib. x. *Antuerp.* 1601 *et* 1605, 2 *vol. fig. vél.*

N. J. Jacquin selectarum stirpium americanarum historia. *Vindob.* 1763, *fig. dem. rel.*

= Ejusd. Observationes botanicæ. *Vindob.* 1764, 4 *part. en* 1 *vol. fig. dem. rel.*

N° IX. 102 *vol. in-8. et in-12.* dont :

Histoire de Clarisse Harlowe, trad. de l'angl. de Richardson. *Paris*, 1777, 7 *vol. in-12. v. m.*

= De Gil Blas, par Le Sage. *Paris*, 1797, 4 *vol. in-8. fig. v. j.*

Dictionnaire néologique, avec l'Eloge hist. de Pantalon-Phœbus. *Amst.* 1728, *in-12. v. m.*

Les Contes et Discours d'Eutrapel, par de la Hérissaye. *Rennes*, 1597, *in-8. v. m.*

Le Prince de Condé. *Suivant la copie de Paris*, 1681, *in-12. v. f. avec la sphère.*

Le Portrait du roi de la Grande-Bretagne. *Rouen*, 1649, *in-12. v. f.* = Mémoires d'Angleterre, contenant l'Histoire des Deux Roses. *Amst.* 1726, *in-12. v. f.*

Meilhac

Meilhac

p.

Meilhac

idem

Bailly

p.

Giron.

avec 5 Bonguin

p.

Renard.

M. Hédouin

id.

id.

Girod.

Rouanet

Lainé.

Rouanet

Bailly

p.

p.

p.

Rouanet.

M. Hédouin

p.

Lainé

N° X. 50 *vol. in*-12. dont :

Le Diable boiteux et le Bachelier de Salamanque, par Le Sage. *Paris*, 1756 *et* 1767, 6 *vol. v. éc.*

Roman comique de Scarron. *Paris*, 1752, 3 *vol. v. m.*

Mémoires et Aventures d'un Homme de Qualité, par l'abbé Prevost. *Amst.* 1735, 7 *tom. en* 4 *vol. v. éc.*

Histoire de Don Quichotte, par Cervantes, trad. de l'espagn. *Liége*, 1782, 6 *vol. fig. bas.*

OEuvres de Rabelais. 1691, 2 *vol. v. porph. avec la sphère.*

N° XI. 34 *vol. in*-8. *et in*-12. dont :

OEuvres de Marmontel. *Paris*, 1787, 8 *vol. in*-12. *v. m.*

Dictionnaire du Vieux Langage françois, par La Combe. *Paris*, 1766, *in*-8. *v. m.*

Dictionnaire comique, par le Roux. *Amst.* 1750, *in*-8. *v. m.*

OEuvres complètes de Pope, trad. de l'angl. *Paris*, 1779, 8 *vol. in*-8. *fig. v. m.*

Recherches sur les Théâtres de France, par de Beauchamps. *Paris*, 1735, 3 *vol. in*-8. *m. vert.*

Histoire de l'Amérique, par Robertson, trad. de l'angl. *Paris*, 1780, 4 *vol. in*-12. *v. f.*

= De Charles-Quint, par le même. *Paris*, 1771, 6 *vol. in*-12. *v. f.*

N° XII. 52 *vol. in*-12. dont :

Les Comédies de Térence, en latin et en franç. trad. par madame Dacier. *Amst.* 1767, 3 *vol. fig. v. j.*

Contes de La Fontaine, édit. stéréotype. *Paris*, *Didot*, *an* VIII, (1800,) 2 *vol. cart. Pap. Vél.*

L'Enéide de Virgile, trad. en vers françois, avec le

texte en regard, par de Gaston. *Paris*, 1808, 4 *vol. v. éc.*

Les Amours pastorales de Daphnis et Chloé, trad. du grec de Longus, par Amyot. 1745, *fig. v. f.*

Quinque illust. poetarum Lusus in Venerem. *Parisiis*, 1791, *v. f.*

De la Tyrannie, par Victor Alfieri, trad. de l'ital. *Paris*, 1802, *en feuilles.*

Sept volumes sur les Echecs, dont: le Royal Jeu des Echecs. *Paris*, 1636, *vél.* = Nouvelle manière de jouer aux Echecs, par Stamma. *Utrecht*, 1777. = Le Jeu des Eschets, par le Calabrois. *Paris*, 1714, *v. m.*

Un Manuscrit espagnol sur le Jeu des Échecs, sur Vélin. *Relié en soie.*

N° XIII. 73 *vol. in-8. et in-12.* dont:

OEuvres de d'Ancourt. *Paris*, 1729, 9 *vol. in-12. v. f.*

L'Ezour Vedam, par le baron de Sainte-Croix. *Yverdon*, 1778, 2 *vol. in-12. dem. rel.*

Le Bhaguat-Geeta, trad. du samscrit, par Wilkins. *Paris*, 1787, *in-8. dem. rel.*

Les Aventures de Télémaque, par de Fénelon. *Paris*, 1717, 2 *vol. in-12. fig. m. vert.*

La Farce de Pathelin et la Légende de Faifeu. *Paris*, *Coustellier*, 1723, 2 *tom. en* 1 *vol. in-12. v. b.*

La Gerusalemme liberata di Torq. Tasso. *Parigi*, 1785, 2 *tom. en* 1 *vol. in-8. v. f.*

Fables de La Fontaine, pour l'éducation du Dauphin. *Paris*, *Didot*, 1789, 2 *vol. in-8. cart. Pap. Vél.*

Histoire génér. de la Littérature d'Italie, de Tiraboschi, abrégée par Landi. *Paris*, 1786, 5 *vol. in-8. v. m.*

Voyage d'Anacharsis en Grèce, par Barthélemy. *Paris*, 1789, 7 *vol. in-8. dem. rel.*

p.
Mr Ledoux
Renard.
Truchy

Truchy

Mr Ledoux

Meilhac

Porquet.
Giroud.
p.
Truchy

Lahorne

Truchy

Manuscrit. Of.

Lisserre. C.

martin

Mc hédouin

P.
Lagier
Mc hédouin

Renard

girard.

Renard

Mc hédouin

la vie. of.

Crozet

B.

girard.

Crozet

porquet.
Delano

De l'Allégorie, par Winckelmann. *Paris*, *an* VII, (1799,) 2 *vol. in*-8. *v.f.*

N° XIV. 101 *vol. in*-12. *et in*-18. dont :

OEuvres de Destouches. *Paris*, 1758, 10 *vol. in*-12. *v. m.*

= De J. B. Rousseau. 1753, 5 *vol. in*-12. *v. m.*

= De Molière. *Amst.* 1765, 6 *vol in*-12. *fig. v. f.*

Essais de Montaigne, avec les notes de Coste. *Londres*, 1754, 10 *vol. in*-12. *v. m.*

Mémoires du maréchal de Bassompierre. *Cologne*, *P. Marteau*, 1665, 3 *vol. in*-12. *dem. rel.*

Hexameron rustique, par La Mothe le Vayer. *Amst.* 1715, *in*-12. *v. f.*

Il Libro del Perchè. *Nel secolo* XVIII, *in*-12. *v. porph.*

L'Alcoran de Mahomet, par du Ryer. *Elzevier*, 1649, *in*-12. *v. j.*

Discours merveilleux de la vie et déportemens de la reyne Catherine de Médicis. 1663, *in* - 12. *v. éc.*

La Vie de Gaspar de Coligny. *Leyde*, *Elzeviers*, 1643, *in*-12. *v. m.*

Rapini Hortorum lib. IV. *Lugd. Bat.* 1668, *in* - 12. *vél.*

Conciones et Orationes ex histor. lat. excerptæ. *Amst. ex offic. Elzevir.* 1662, *in*-12. *v. f.*

Epicteti Enchiridion, gr. curante Le Fébvre de Villebrune. *Parisiis*, 1782, *in*-18. *m. r.*

Novum Testamentum, gr. *Lugd. Bat. ex offic. Elzevir.* 1633, *in*-12. *vél.*

N°. XV. 58 *vol. in*-4. *in*-8. *et in*-12. dont :

Biblia sacra. *Parisiis*, 1666, *in*-4. *m. bl.*

Histoire des Révolutions romaines, par de Vertot. *La Haye*, 1724, *in*-4. *m. r.*

= De Suède, par le même. *La Haye*, 1734, *in-4. v. f.*

Voyage de l'Amérique méridionale, par de Ulloa. *Paris*, 1752, 2 *vol. in-4. fig. v. f.*

Essai Philosoph. concernant l'entendement humain, par Locke, trad. de l'angl. *Amst.* 1755, *in-4. v. m.*

Catullus, Tibullus et Propertius. *Parisiis*, *Coustellier*, 1723, *in-4. v. f. Ch. Mag.*

Discours sur l'Histoire universelle, par Bossuet. *Paris*, 1681, *in-4. m. r.*

Les Antiquités et Histoires gauloises et françoises, par Fauchet. *Genève*, 1611, *in-4. v. b.*

Pindari Opera, gr. et lat. cum not. Benedicti. *Salmurii*, 1620, *in-4. v. b.*

Horatii Opera. *Londini*, *Pine*, 1733, 2 *vol. in-8. fig. m. bl.*
Première édition.

Hier. Vidæ Christiados lib. VI. *Oxonii*, 1725, *in-8. m. bl. l. r.*

Les Géorgiques de Virgile, trad. en vers françois, avec le texte en regard, par Delille. *Paris*, 1770, *in-8. fig. m. r.*

C. Plinii Secundi Epistolæ et Panegyricus. *Glasguæ*, 1751, *in-4. m. bl.*

F. Sanctii Minerva, seu de causis ling. latinæ comment. *Lugduni*, 1789, *in-8. bas.*

N° XVI. 18 *vol. in-fol. et in-4.* dont :

S. Vaillant Botanicon parisiense. *Amst.* 1727, *in-fol. fig. v. b. Ch. Mag.*

Histoire des Plantes qui naissent aux environs d'Aix, par Garidel. *Aix*, 1715, *in-fol. fig. v. b.*

Barrelieri plantæ per Galliam, Hispaniam et Italiam observatæ. *Parisiis*, 1714, *in-fol. fig. v. b.*

Nova stirpium Adversaria, auct. de Lobel. *Antuerp.* 1576, *in-fol. fig. vél.*

Delan

Martin

Lefroy

Rouard.

Crozet.

Merlin — gaté de crayon rouge

Thiobec

Lagier

Martin

P.

Meilhac

idem

idem

P.

Meilhac

Lefroy

Lister. Luebt. ez+ — Idem

Porquet

Martin

Idem

un vol. taché d'huile — Rouanet

Bernard

p.

Girod.

avec 5 bouquins — Crozet

Crozet

p.

Crozet

p.

Istoria Botanica di G. Zanoni. *In Bologna*, 1675, *in-fol. fig. v. b.* 3. 95.

J. J. Dillenii historia Muscorum. *Lond.* 1768, *in-4. fig. dem. rel.* 63. 50.

Rumphii Thesaurus imaginum piscium, cochlearum, etc. *Lugd. Bat.* 1711, *in-fol. fig. v. m.* 4. 50.

Mart. Lister historia conchyliorum. *Oxonii,* 1770, *in-fol. fig. v. m.* 81.

Plinii Historia naturalis. *Basil.* 1525, *in-fol. v. m.* 3.

Imperatorum romanorum Numismata, studio F. Mediobarbi Biragi. *Mediol.* 1693, *in-fol. fig. vél.* 6

A. Augustini antiquitatum roman. in nummis vet. dialogi. *Antuerp.* 1617, *in-fol. fig. v. b.* 4.

N° XVII. 85 *vol. in*-8. *et in*-12. dont:

Abrégé chronol. de l'Histoire de France, par Mézeray, avec l'avant Clovis. *Amst.* 1673, 7 *vol. in*-12. *vél.* 14. 10.

Nouvelle Méthode du Blason, du P. Ménestrier. *Lyon*, 1770, *in*-8. *fig. v. m.* 3.

Manuel du Libraire, par M. Brunet. *Paris*, 1814, 4 *vol. in*-8. *br.* 13. 95

Voyage d'Espagne. *Cologne, P. Marteau*, *in*-12. *cart.* 2.

Recueil hist. contenant diverses pièces curieuses de ce temps. *Cologne*, 1666, *avec la sphère*, *in*-12. *vél.* 3. 45

N° XVIII. 50 *vol. in*-8. *et in*-12. dont:

Histoire ancienne, par Rollin. *Paris*, 1769, 14 *vol. in*-12. *v. m* 26. 95.

Histoire des Membres de l'Académie Françoise, par d'Alembert. *Paris*, 1787, 6 *vol. in*-12. *bas.* 2. 95.

Éloges des Académiciens de l'Acad. des Sciences, par Fontenelle. *Paris*, 1766, 3 *vol. in*-12. *bas.* 2.

Voyages de Thunberg au Japon. *Paris*, 1796, 4 *vol. in*-8. *fig. br.* 3 95

N° XIX. 37 *vol. in*-8. *et in*-12. dont :

Traduction du Plutarque anglois. *Paris*, 1785, 12 *vol. in*-8. *v. m.*

Voyage en Pologne, Russie, par W. Coxe, trad. de l'angl. *Genève*, 1787, 4 *vol. in*-8. *fig. v. m.*

Histoire philosophique, par Raynal. *Genève*, 1781, 10 *vol. in*-8. *et atlas in*-4. *dem. rel.*

Relation du Voyage du Levant, par Tournefort. *Lyon*, 1727, 3 *vol. in*-8. *fig. v. f.*

N° XX. 71 *vol. in*-12. dont :

Histoire des Découvertes faites par les Européens dans les différentes parties du monde, par Barrow, trad. de l'angl. *Paris*, 1766, 12 *vol. bas.*

Recherches philosophiques sur les Egyptiens et les Chinois, et sur les Américains, par de Pauw. *Berlin*, 1773 *et* 1771, 5 *vol. bas.*

Histoire Romaine, traduite de l'angl. de Laurent Echard. *Paris*, 1734, 16 *vol. v. b.*

L'Esprit de la Ligue, par Anquetil. *Paris*, 1771, 3 *vol. v. m.*

Mélanges intéressans et curieux d'Histoire naturelle. *Paris*, 1766, 10 *vol. m. r.*

N° XXI. 39 *vol. in*-12. dont :

OEuvres d'Homère, trad. par madame Dacier. *Paris*, 1709, 4 *vol. fig. v. m.*

Histoire d'Irlande, trad. de l'angl. de Leland. *Maestricht*, 1779, 7 *vol. v. m.*

L'antiquité dévoilée par ses usages, par Boulanger *Amst.* 1766, 3 *vol. v. m.*

Variétés littéraires. *Paris*, 1768, 4 *vol. v. m.*

La religion des Mahométans, par Reland. *La Haye*, 1721, *fig. v. f.*

porquet
p.
bernard.
martin

p.

p.
p.
porquet
Mc hedouin

p.
cordier
bernard.
Mc hedouin

religior. et quat. pt

m^c hedouin

p.

quarteron

~~[illegible]~~ p.

Cordier

l'art. of.

fantaisier. g.

Crozet.

p.

Crozet

Cordier

Motelet.

phinii. n. tres vilain, cravees volumes idem

idem

Legier

Martin

N° XXII. 28 *vol. in*-8. dont.

Voyage au cap de Bonne Espérance, par Sparmann, trad. de l'angl. *Paris*, 1787, 3 *vol. fig. v. m.*

= Aux Indes orientales, et à la Chine, par Sonnerat. *Paris*, 1782, 3 *vol. fig. v. m.*

= Dans l'intérieur de l'Afrique, par Le Vaillant. *Paris*, 1790, 2 *vol. fig. bas.*

Essai sur la religion des anciens Grecs, (par Leclerc de Septchenes.) *Lausanne*, 1787, 2 *tom. en* 1 *vol. bas.*

Histoire romaine éclaircie par les médailles, par Schulz. *Paris*, 1783, *fig. bas.*

Ce volume forme le tome 126 de l'Histoire universelle, in 8.

N° XXIII. 65 *vol. in*-12. *et in*-18. dont :

L'Art de conduire et de régler les Pendules et les Montres, par Ferd. Berthoud. *Paris*, 1759, *in*-12. *v. f.*

Les Fantaisies de Bruscambille. *Paris*, 1668, *in*-12. *v. f.*

H. Cardani Neronis Encomium. *Amst.* 1640, *in*-12. *m. r.*

Oratio pro crepitu ventris, ab E. Martino. *Cosmopoli*, 1768, *in*-18. *v. f.*

Les Provinciales, par Pascal. *Cologne*, 1666, *in*-12. *v. b.*

Cicero de Officiis. *Amst. ex offic. Elzevir.* 1677, *in*-12. *v. m.*

Prudentii Opera. *Amst. D. Elzevirius*, 1667, *in*-12. *vél.*

Plinii Epistolæ et Panegyricus. *Lug. Bat. apud Elzev.* 1653, *in*-12. *v. b.*

N° XXIV. 46 *vol. in*-12. dont :

Lucani Pharsalia. *Glasguæ*, 1751, *v. m.* — — — —

J. Vanierii Prædium rusticum. *Parisiis*, *Barbou*, 1786, *v. m.*

Ovidii Opera. *Paris. Barbou*, 1762, 3 *vol. v. m.*
Cornelius Nepos. *Paris. David*, 1745, *m. r.*
Sallustius. *Paris. David*, 1744, *m. r.*
Phædrus. *Paris. Coustellier*, 1742, *m. r.*
Horatius. *Amst. D. Elzevirius*, 1676, *v. m.*
Virgilius. *Lugd. Bat. Elzev.* 1636, *m. r.*
Senecæ Epist. *Lugd. Bat. Elzev.* 1639, *v. m.*
L. An. Florus. *Lugd. Bat. Elzev.* 1638, *vél.*
Sallustius. *Lugd. Bat. Elzev.* 1634, *v. f.*
Polydorus Vergilius de Inventoribus rerum. *Amst. D. Elzev.* 1671, *m. r.*
Histoire des amours de Henri IV. *Leyde*, 1663, *vél.*
Amours de Louis-le-Grand, et de mademoiselle Dutron. *Rotterdam*, *v. j.*
La Pharsale de Lucain, trad. en vers franç. par Brébeuf. *La Haye*, 1683, *fig. v. f.*
Satyre Menippée. *Ratisbonne*, 1664, *fig. vél.*
OEuvres du chev. de Parny. *Paris*, 1788, 2 *vol. m. r.*
Richardet, poëme. *Londres*, 1781, 2 *vol. m. r.*
Recueil des meilleurs Contes en vers. *Londres*, 1778, 4 *vol. fig. m. r.*
Le Rime di Fr. Petrarca. *Parigi*, 1758, 2 *vol. m. bl.*
Le Berger fidèle, en franç. et en italien, trad. de Guarini. *Paris*, 1759, 2 *vol. m. r.*

N° XXV. 34 *vol. in*-8. dont :

L. An. Florus, cum not. var. *Amst.* 1692, *fig. vél.*
Taciti Opera, cum not. var. *Amst. D. Elzevir.* 1673, 4 *vol. v. b.*
H. Kippingii Antiquit. romanæ. *Lugd. Bat.* 1712, *fig. v. b.*
Fleur de la maison de Charlemaigne, par Fauchet. *Paris*, 1601, *v. b.*

Lagier
Mollet
idem
idem
Renard
Mollet
Renard
idem
Mollet
idem
idem
Bernard
Girond
Mc Hedoin
Lacome
Mollet
idem

Martin
Martin

Lagier

Richardet. Mme Hed.
Reneil. ~~Mme~~ Hed.

Meilhac.

Lefroy

p.

~~Meilhac~~

porquet.

Delaw

p.

Renard

froelich. exquat. it

Lefroy

Delans

Martin

Delaw

Delans

Meilhac

iconog. fill. ext

Sicapu - M Joly.

N° XXVI. 33 *vol. in-folio, in-4. etc.* dont :

Nova plantarum genera, auct. Michelio. *Florent.* 1729, *in-fol. fig. v. m.* 10.

Recueil de 84 planches, pour la dern. édit. de la Conchyliogie de d'Argenville. *In-4. dem. rel.* 54
Ce volume est intercallé de papier blanc, avec des notes m^ss^.

J. Scheuchzeri agrostographia. *Tiguri*, 1775, *in-4. v. éc.* 9 - 5.

Oratio dominica, CL Linguis versa, edente Marcel. *Parisiis*, 1805, *in-4. cart.* 17 - 95

La Mort d'Abel, par Gessner, trad. de l'allemand. *Paris*, 1793, *in-4. fig. color. v. m.* 6.

E. Froelich quatuor tentamina de re numaria vetere. *Viennæ*, 1737, *in-4. fig. v. m.* 5 - 80

Discours de la Religion des anciens Romains, par du Choul. *Lyon*, 1580, *in-4. fig. vél.* 1. 50.

Collection de Vignettes, d'Estampes et Portraits, renfermée dans neuf petits portefeuilles, *in-8.*
Cet article sera divisé. vendu en huit lots 146. 60

N° XXVII. 28 *vol. in-fol. et in-4.* dont :

Gualtieri Index testarum, conchyliorum, etc. *Florentiæ*, 1742, *in-fol. fig. v. éc.* 46

A. Scilla, de Corporibus marinis lapidescentibus, dissert. *Romæ*, 1759, *in-4. fig. v. f.* 3.

C. Plumier, nova plantarum americanarum genera. *Parisiis*, 1703, *in-4. fig. v. b.*
C. Bauhini Pinax theatri botanici, cum prodromo. *Basil.* 1671, *in-4. br. en cart.* } 6 - 50 d°.

Les Césars de l'empereur Julien, trad. du grec, par Spanheim. *Amst.* 1728, *in-4. fig. v. b.* 4.

Recueil des Pièces obsidionales, par Tobiesen Duby. *Paris*, 1786, *in-4. fig. br.* 3 - 95

Icones Imperatorum romanorum, ex priscis numismatibus, par H. Goltzium. *Antuerp.* 1708, *in-fol. fig. br. en cart.* 6. 95.

la Conchyliologie de Dargenville, 1757, in-4° v. m. 11.

traité des monnaies de le Blanc, paris, in-4° 1 vol. [illegible] 10. 5. d°.

un lot d'Estampes faisant le 9e lot 35 . 5 d°.

Médailles du cabinet de la reine Christine, en lat. et en franç. *La Haye*, 1742, *in-fol. fig. cart.*

N° XXVIII. 62 *vol. in-8. et in-12.* dont :

C. P. Thunberg Flora Japonica. *Lipsiæ*, 1784, *in-8. dem. rel.*

Delectus opusculorum botanicorum, edente P. Ustero. *Argent.* 1790, 2 *vol. in-8. br.*

Recherches sur l'époque de l'Equitation, et de l'usage des Chars, chez les anciens, par Fabricy. *Rome*, 1764, 2 *vol. in-8. br*,

Recueil d'Insectes coloriés, avec les explications en latin et en allemand, renfermé dans 36 portefeuilles *in-12. obl.*

N° XXIX. 27 *vol in-8.* dont :

Flore Françoise, par de Lamarck. *Paris*, 1778, 3 *vol. v. m.*

Plantæ Veronenses, auct. J. F. Seguierio. *Veronæ*, 1745, 3 *vol. bas.*

J. B. de Sauvages Methodus Foliorum. *Hag. Com.* 1751, *fig. bas.*

C. Linnæi Fauna Suecica. *Stockholmiæ*, 1746, *v.m.*

N° XXX. 40 *vol. in-8. et in-12.* dont :

Tableau du règne végétal, par Ventenat. *Paris*, *an* VII, (1799,) 4 *vol. in-8. fig. cart.*

F. Redi Opuscula, et de Animalculis vivis, etc. *Amst.* 1686, 3 *vol. in-12. fig. vél.*

N° XXXI. 46 *vol. in-8. et in-12.* dont :

C. à Linné amœnitates academicæ. *Erlangæ*, 1787, 10 *vol. in-8. fig. v. j.*

= Ejusdem Systema Naturæ. 1756. = Materia medica. 1787, et alia opera. 5 *vol. in-8. v. m.*

Familles des Plantes, par Adanson. *Paris*, 1763, 2 *vol. in-8. fig. v. j.*

Odéon

Meilhac

rechercher. goes. cheap.

Lafont.

Hagier
Meilhac
id.
idem

ajouté flora mexica [illegible]

Martin

Motelet

Meilhac
idem
Martin

Martin

Laborne

Motelet.

Lemercier Bailly.

— id.

— id.

Meilhac

idem

avec 3 Bourguin Lafont.

Bernard.

~~Ulmann. of.~~

traité. of

marine Bailly

— id.

Faune Parisienne, par M. Walckenaer. *Paris*, 1802, 2 *vol. in*-8. *v. éc.*

N° XXXII. 50 *vol. in*-8. *et in*-12. dont :

Flore des environs de Paris, par Thuillier. *Paris, an* VII, (1799,) *in*-8. *dem. rel.*

J. de Laet de Gemmis et Lapidibus libri duo. *Lugd. Bat.* 1647, *in*-8. *vél.*

Catalogue des Arbres et arbustes qu'on peut cultiver en France, par Buchoz. (*Paris*,) 1785, *in*-18. *m. bl.*

N° XXXIII. 46 *vol. in*-8. dont :

C. a Linné Systema Plantarum. *Francof. ad Mœn.* 1779, 4 *vol. bas.*

= Ejusd. Genera Plantarum. *Francof. ad Mœn.* 1789, *v. m.*

= Ejusd. Fundamenta botanica. *Halæ*, 1747. = Systema Vegetabilium. *Gottingæ*, 1784, 2 *vol.* et alia opera, *en tout* 6 *vol. v. j.*

A. L. de Jussieu Genera Plantarum. *Parisiis*, 1789, *v. m.*

J. A. Scopoli Flora Carniolica. *Vindob.* 1772, 2 *vol. v. m.*

A. Van Royen Floræ Leydensis Prodromus *Lugd. Bat.* 1740, *in*-8. *bas.*

N° XXXIV. 29 *vol. in*-8. dont :

Manuel du Minéralogiste, par M. Mongez. *Paris*, 1792, 2 *vol. bas.*

Traité élémentaire d'Histoire naturelle, par Dumeril. *Paris*, 1807, 2 *vol. v. éc.*

= Manuel du Naturaliste, par Duchesne. *Paris*, 1797, 4 *vol. v. j.*

Flore des plantes des environs de Paris. *Paris*, 1803, 2 *vol. dem. rel.*

N° XXXV. 24 *vol. in-4.* dont :

C. Pitton Tournefort Institutiones rei herbariæ, cum Corollario. *Parisiis, e Typ. Reg.* 1700, 4 *vol. fig. v. b.*

G. Commelin Horti medici Amstel. Plantæ rariores et exoticæ. *Lugd. Bat.* 1706, *fig. v. f.*

La Physique des Arbres, par Duhamel du Monceau. *Paris*, 1758, 2 *tom. en* 1 *vol. fig. v. f.*

Prosp. Alpini de Plantis Ægypti liber. *Patavii*, 1640. = De Plantis exoticis lib. duo. *Venet.* 1627, 2 *vol. fig. v. b.*

Elenchus Fungorum, auct. Batsch. *Halæ Magdeb.* 1783, *v. f. fig. color.*

Theoria generationis, et fructificationis Plantarum cryptogamicarum Linnæi, auct. J. Hedwig. *Petropoli*, 1784, *v. éc. fig. color.*

Sciagraphia lithologica, seu lapidum figuratorum nomenclator, auct. J. T. Klein. *Gedani*, 1740, *v. f. fig.*

N° XXXVI. 49 *vol. in-4. in-8. etc.* dont :

Des Semis et Plantations des arbres, par Duhamel du Monceau. *Paris*, 1760, *in-4. fig. v. m.*

Dissert. sur la génération des Animalcules spermatiques, par de Gleichen, trad de l'allem. *Paris, an* VII, (1799,) *in-4. fig. bas.*

J. P. Breynii Historia natur. cocci radicum tinctorii. *Gedani*, 1731, *in-4. fig. v. b.*

Essai sur l'Histoire naturelle des Coralines, par Ellis, trad. de l'angl. *La Haye*, 1756, *in-4. fig. bas.*

Cordier

~~meilhac~~ Cordier

fayolle

meilhac

p.

p

Mc huzard.

fayolle

meilhac

leroy

p.

fayolle

idem

la lettre de m^de de maintenon tachée

Crozet.

fayolle

merlin

9. Racine. p2^t

lalog

9. Boileau.

lalog

Sauvy Rebeton Baill.

merlin

Mavron

merlin

fayolle

idem

idem

. j.j. Rousseau. a2^t Baill.

merlin

idem

fayolle

N° XXXVII.

Une Lettre avec la signature de Louis XIV, adressée à Louvois, en 1669.

= Signée par le cardinal Mazarin, adressée au père Rapin, datée de Sedan, 1651.

= De Scarron.

= De Madame de Maintenon, adressée à la supérieure des Ursulines de Pontoise.

= De Saint-Evremond.

= De Racine.

= De Boileau, au père Bouhours.

= Du duc de La Rochefoucauld.

= Deux de Bussy Rabutin, de 1674, et de 1687.

= Du cardinal de Bouillon, adressée au père Rapin, datée de Nancy, 1686.

= Du père Tournemine, au père Souciet.

Une Lettre adressée à M. Arnaut fermier-général, contenant une Epître de Madame Deshoullières, le tout faisant dix pages d'écriture.

Une Lettre de Christophe de Beaumont, archevêque de Paris.

Deux de Fréron à M. Pierres, imprimeur, datées de 1775.

Un Billet de Madame Marie Adelaïde de France, fille de Louis XV, datée de Bellevue, le 28 septembre 1783.

Une Lettre de Madame Marie-Joséphine-Louise de Savoie, comtesse de Provence, (épouse de Louis XVIII,) datée de 1784.

Une de J. J. Rousseau, adressée à M. Genet, datée de Montmorency, le 11 juillet 1761.

Une du même, à M. Guérin, à Saint-Brice.

Une de M. Le Monnier, traducteur de Térence.

Une du baron de Tott, du 1er août 1785.

Une signée Bailly, maire de Paris, adressée à M. Hédouin, du 11 août 1790.

Un Brevet de pension, signé Bonaparte premier consul, et contre-signé, Maret, du 5 fructidor an VIII, (1800.)

N° XXXVIII.

Une Lettre autographe de Henri IV à M. Manaud de Batz, gouverneur de la ville d'Eause en Armagnac, en 1577.

Cette lettre est encadrée et sous verre.

FIN.

DE L'IMPRIMERIE DE CRAPELET,
rue de Vaugirard, n° 9.

www.ingramcontent.com/pod-product-compliance
Ingram Content Group UK Ltd.
Pitfield, Milton Keynes, MK11 3LW, UK
UKHW020455230726
13925UKWH00005B/1953

9 782014 109184